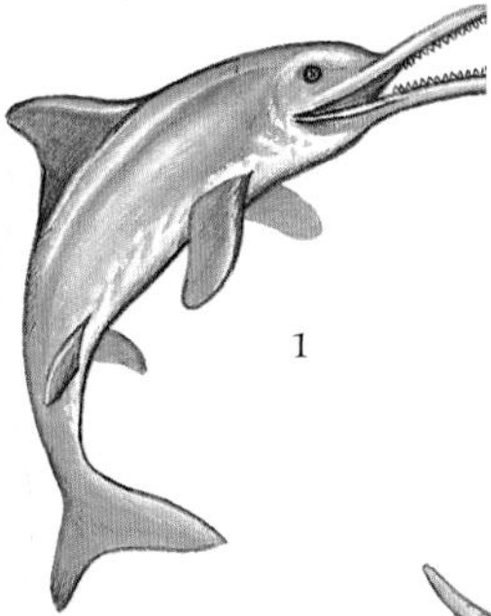

1

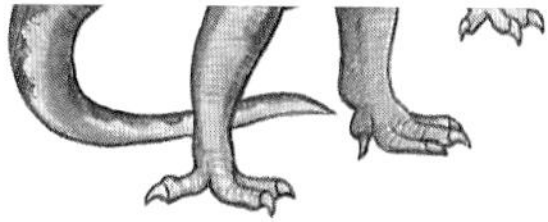

2

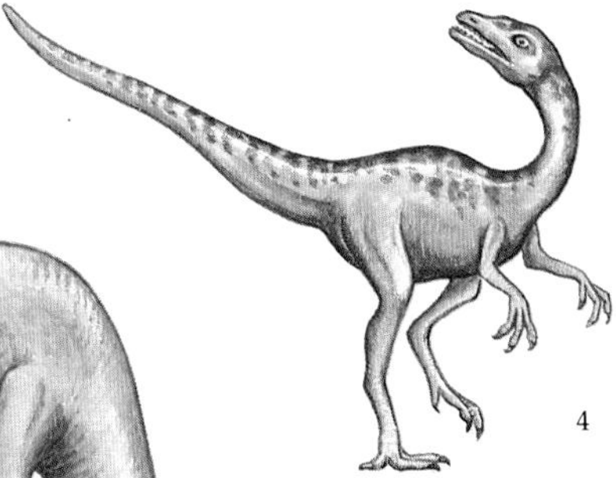

4

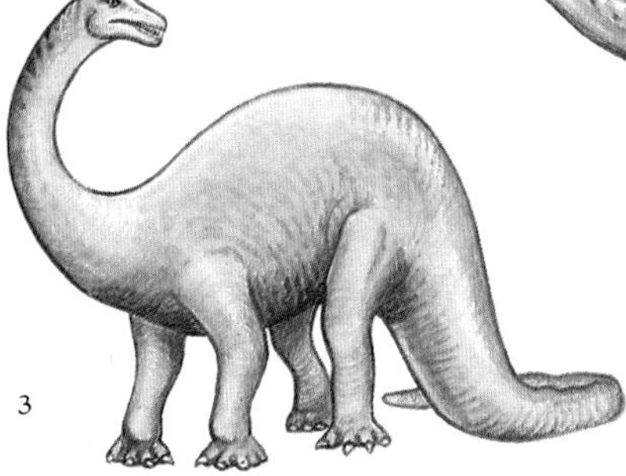

3

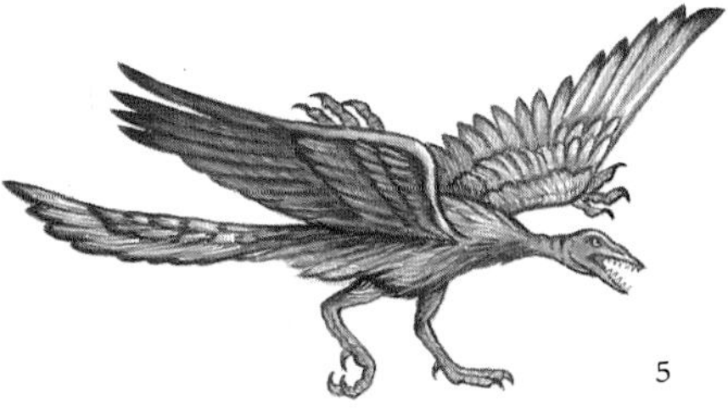

5

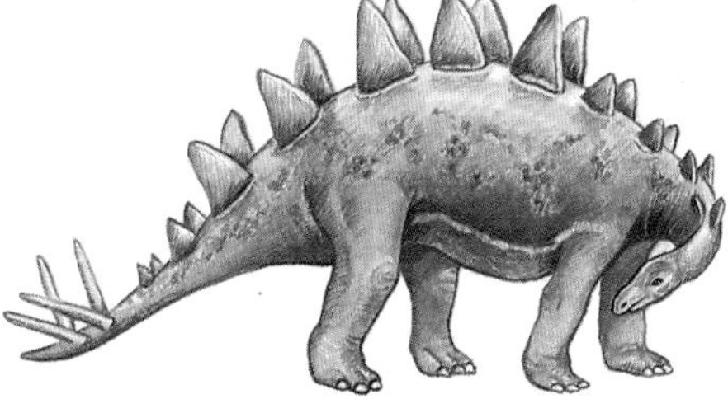

6

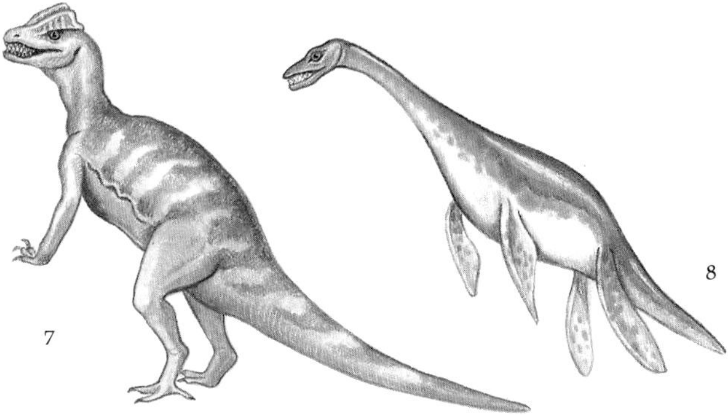

7

8

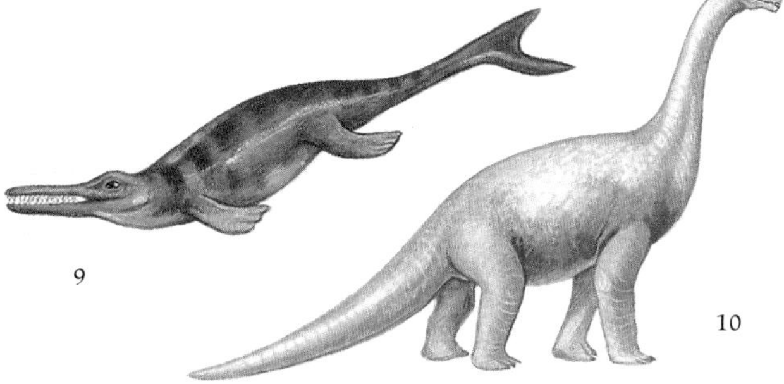

9

10

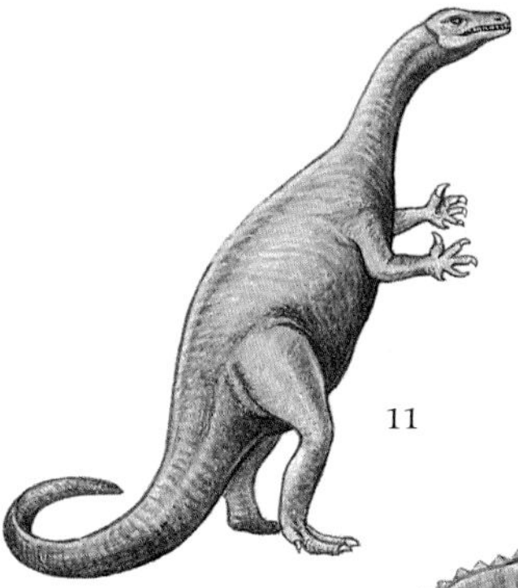

11

12

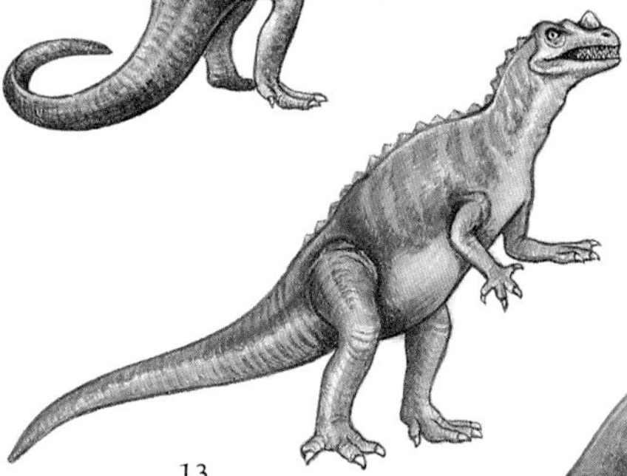

13

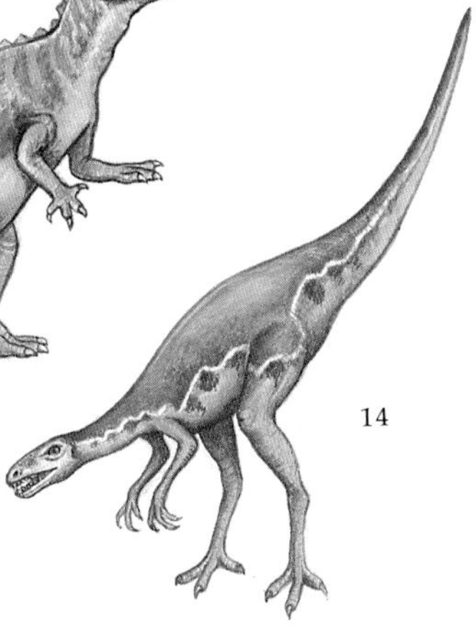

14

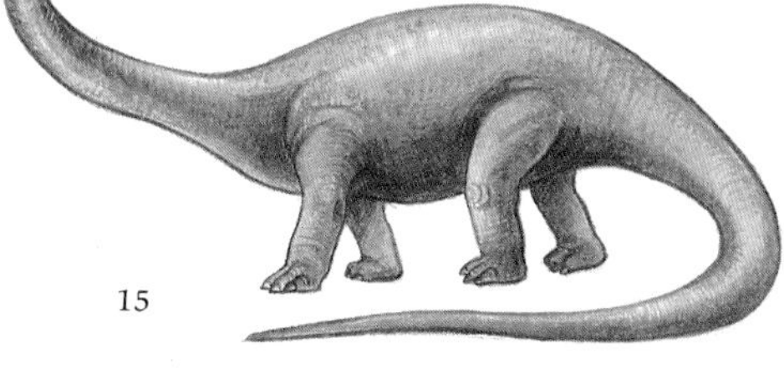

15

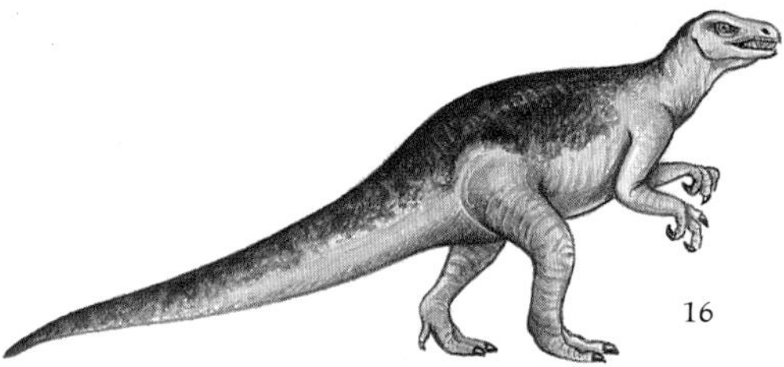

16

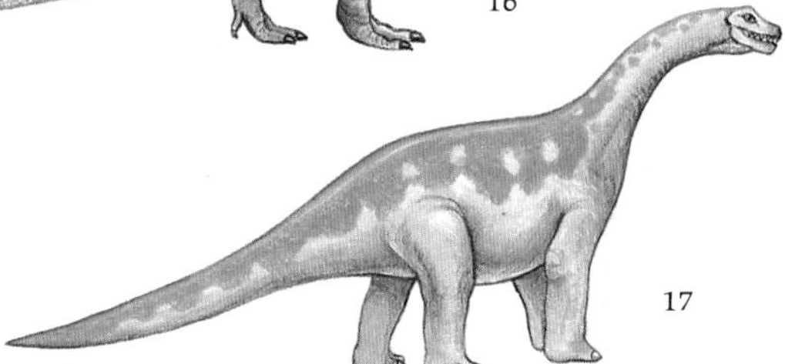

17

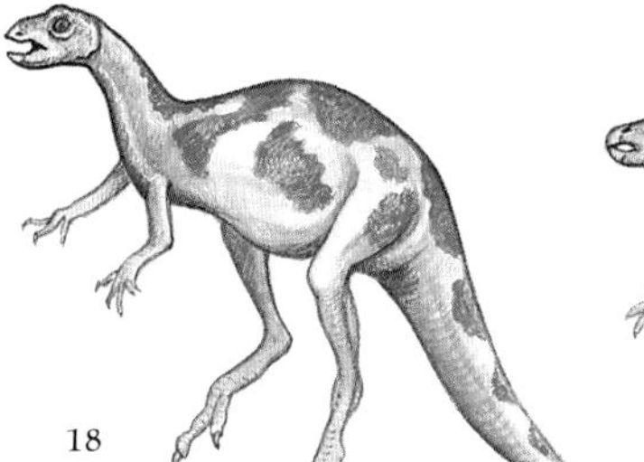

18

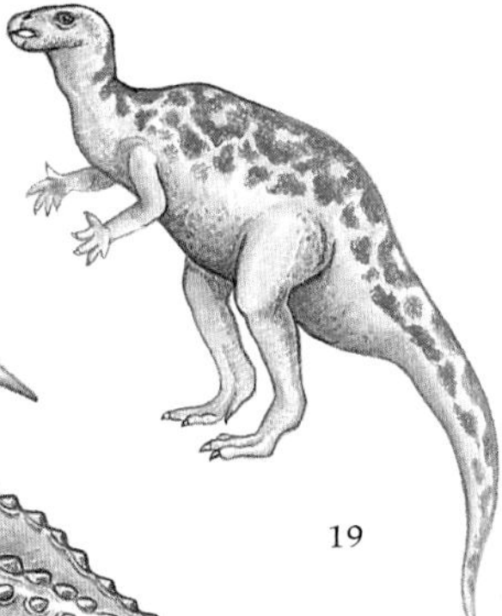

19

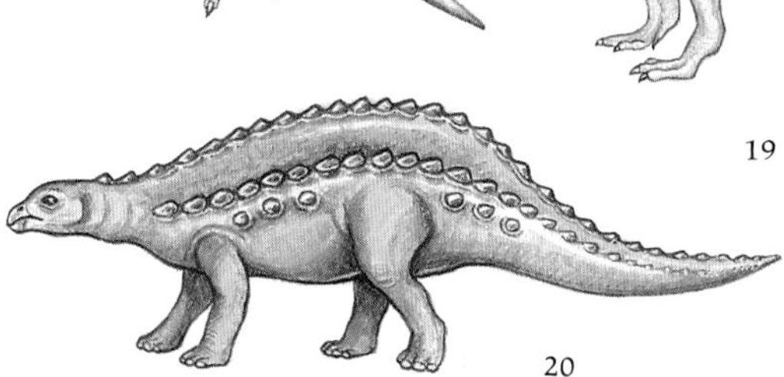

20